Abecedario con sabor

**por Yanitzia Canetti
ilustrado por Winifred Barnum**

Scott Foresman

Glenview, Illinois • Boston, Massachusetts • Chandler, Arizona
Shoreview, Minnesota • Upper Saddle River, New Jersey

Aa　　　Bb

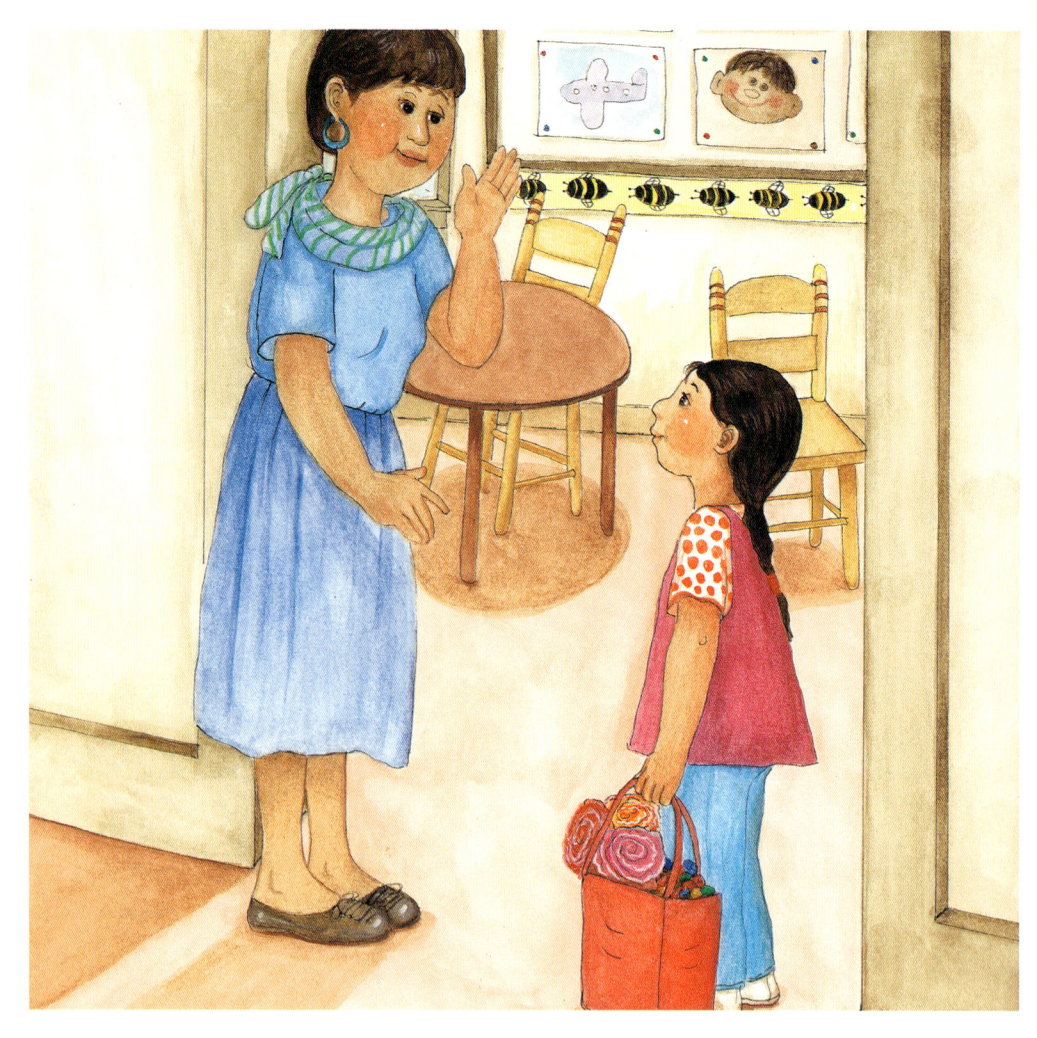

—Buenos días, señorita Ana.
¡Vamos a la fiesta del salón!
—Buenos días, Betina.
¡Claro que sí! ¡Qué diversión!

Cc

—Buenos días, Carlos.
Vamos a celebrar.
—¡Claro que sí!
¡Te puedo ayudar!

Ch ch Dd

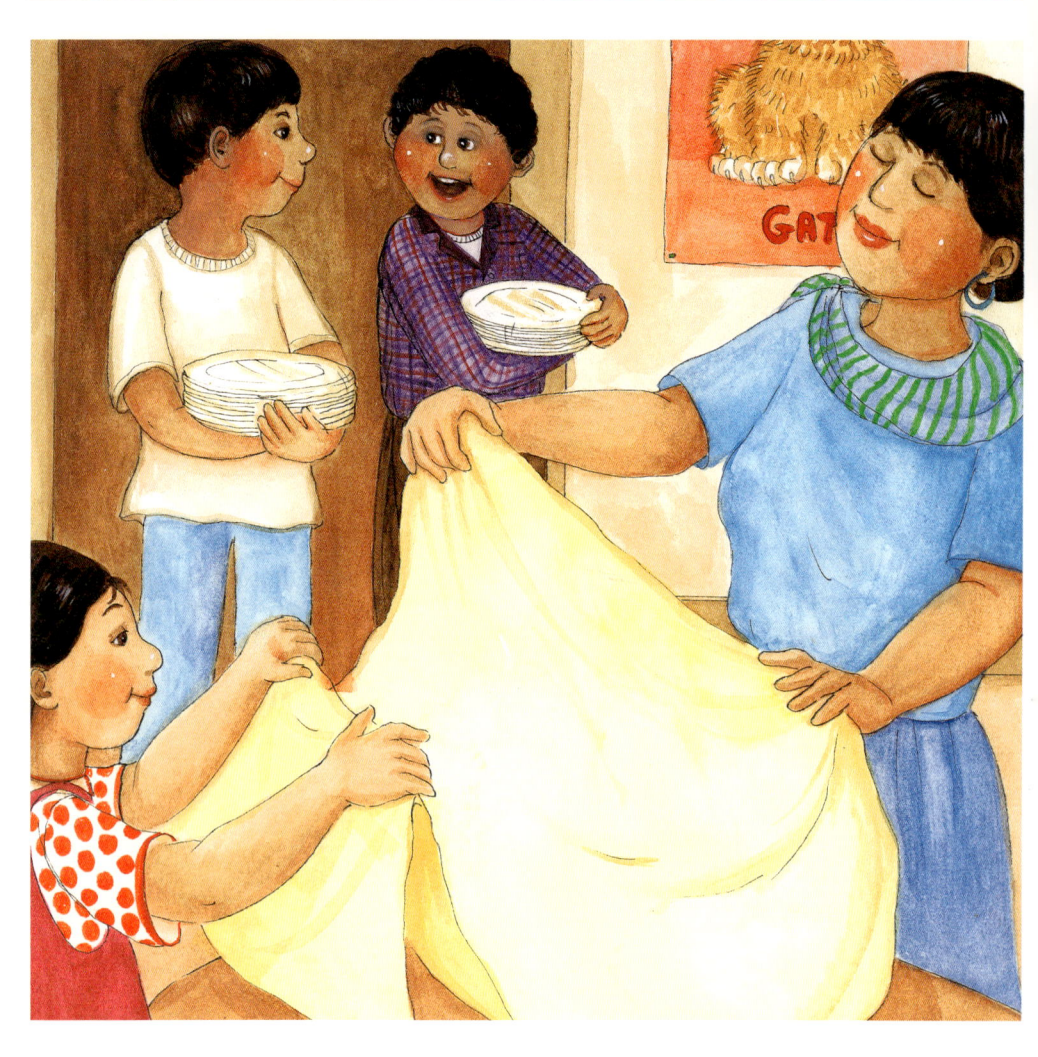

Chacho y Donato
trajeron muchos platos.

Ee Ff

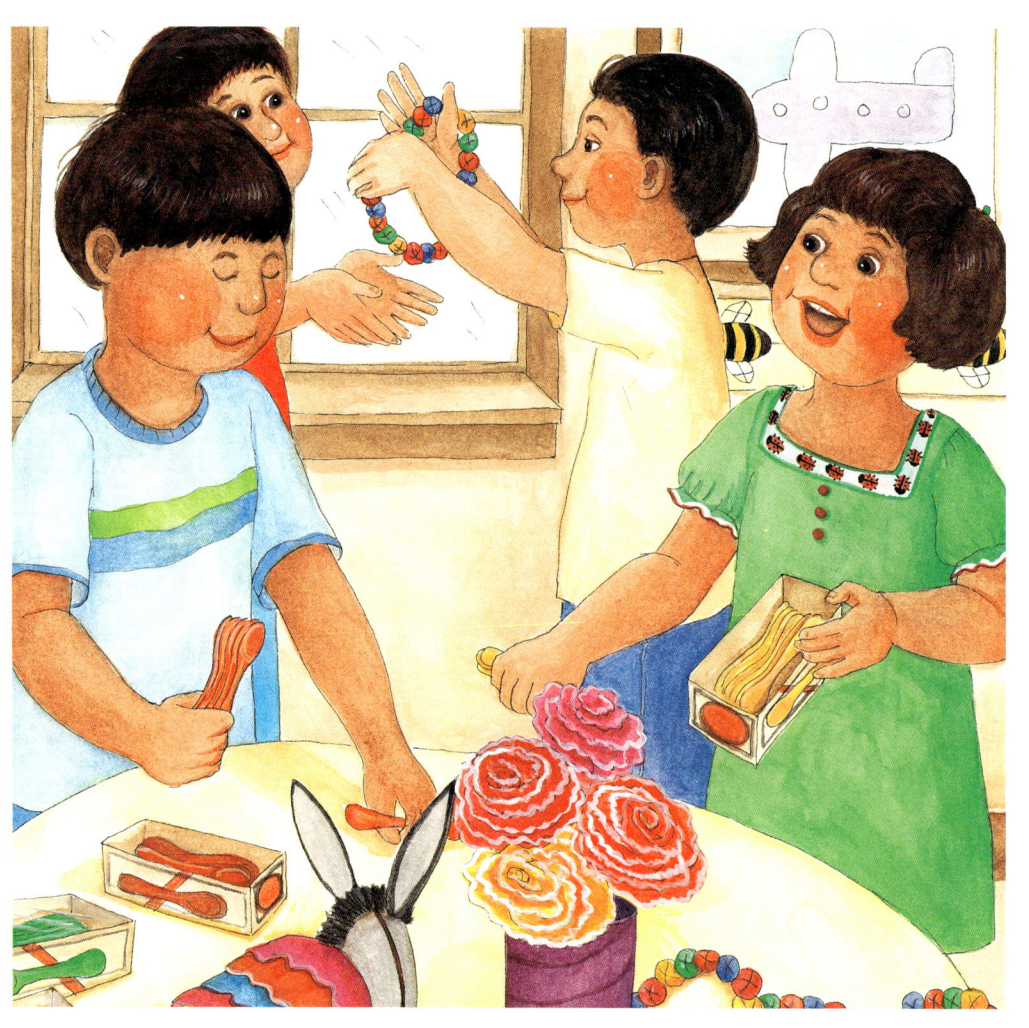

Emilio y Fefita
trajeron cucharitas.

Gg Hh

Gustavo y Homero
trajeron una fuente y un salero.

Ii   Jj

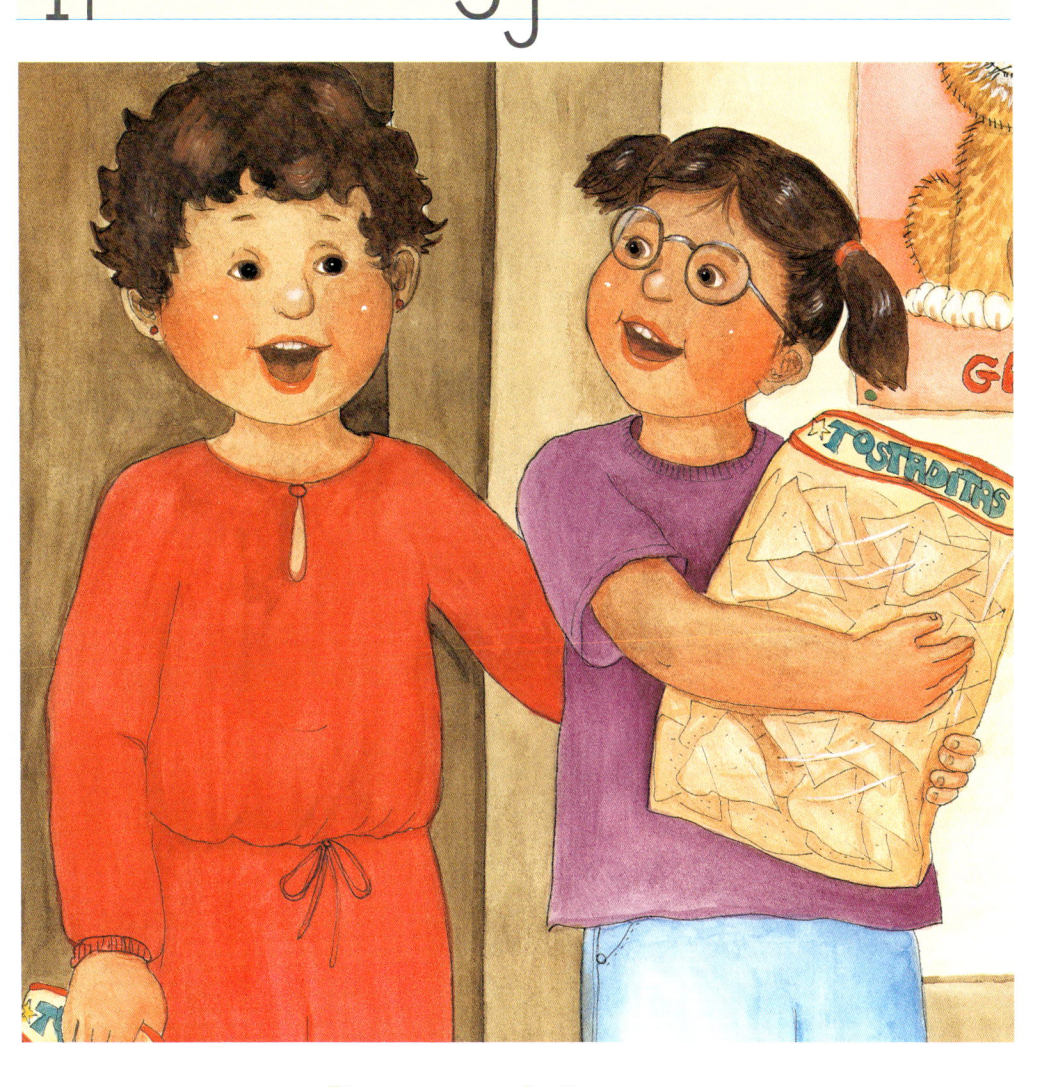

Ileana y Julita
trajeron tostaditas.

Kk   Ll

Kiko y Leonor
trajeron un tenedor.

Ll Mm

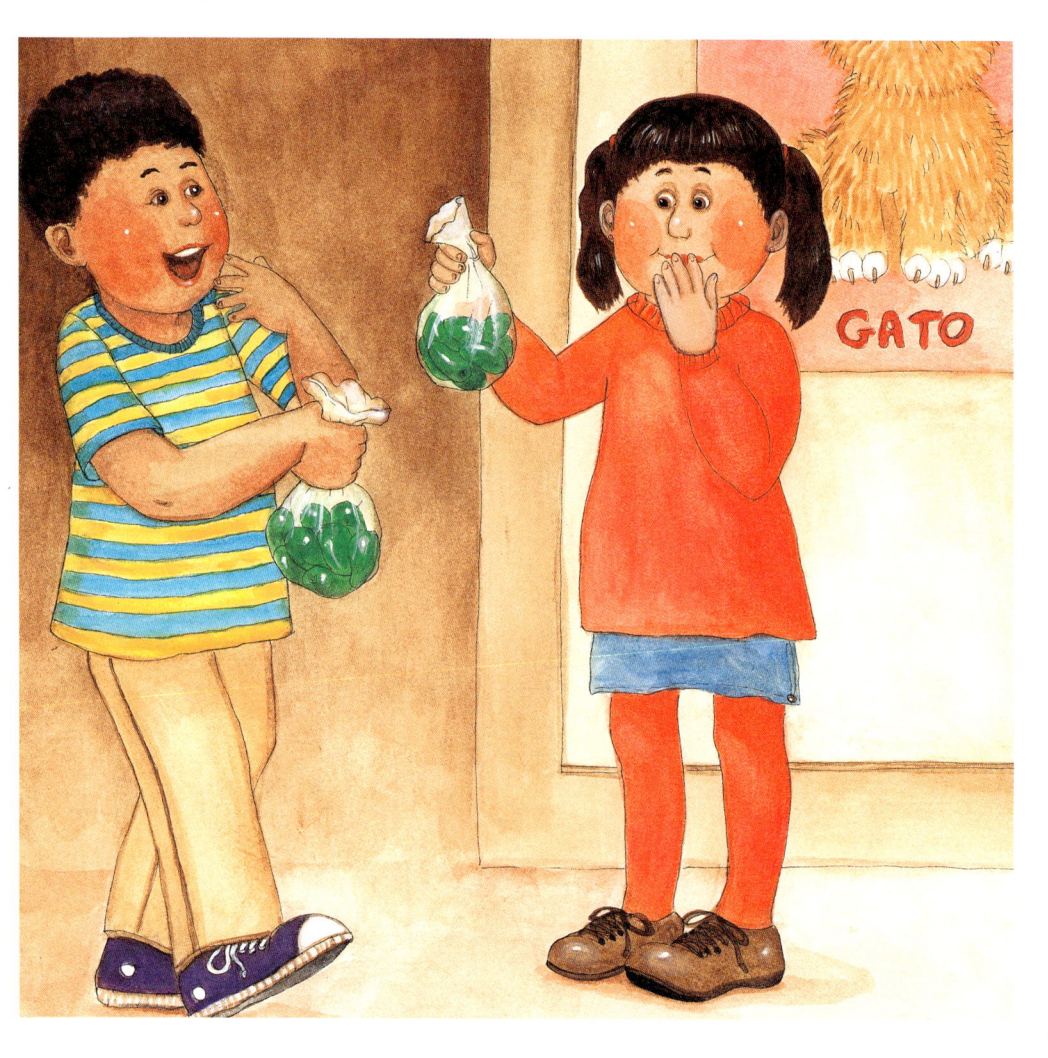

Llani y Meño
trajeron chiles jalapeños.

Nn Ññ

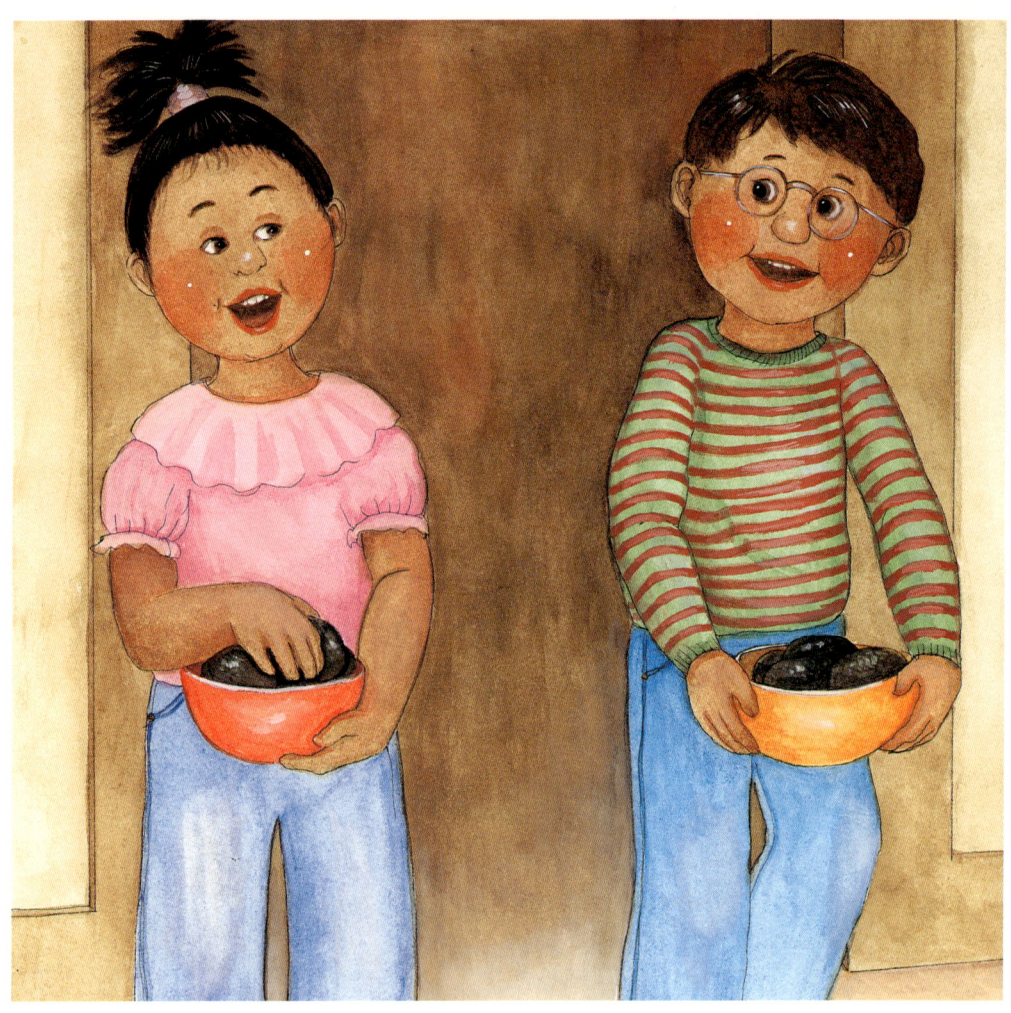

Nina y Ñañito
trajeron aguacates maduritos.

Oo   Pp

Orlando y Paco Argueta
trajeron cilantro y servilletas.

Qq Rr

Queta y Rebeca Quiñones trajeron muchos limones.

Ss　　Tt　　Uu

Silvia y Tito Ugarte
trajeron los tomates.

Vv Ww Xx

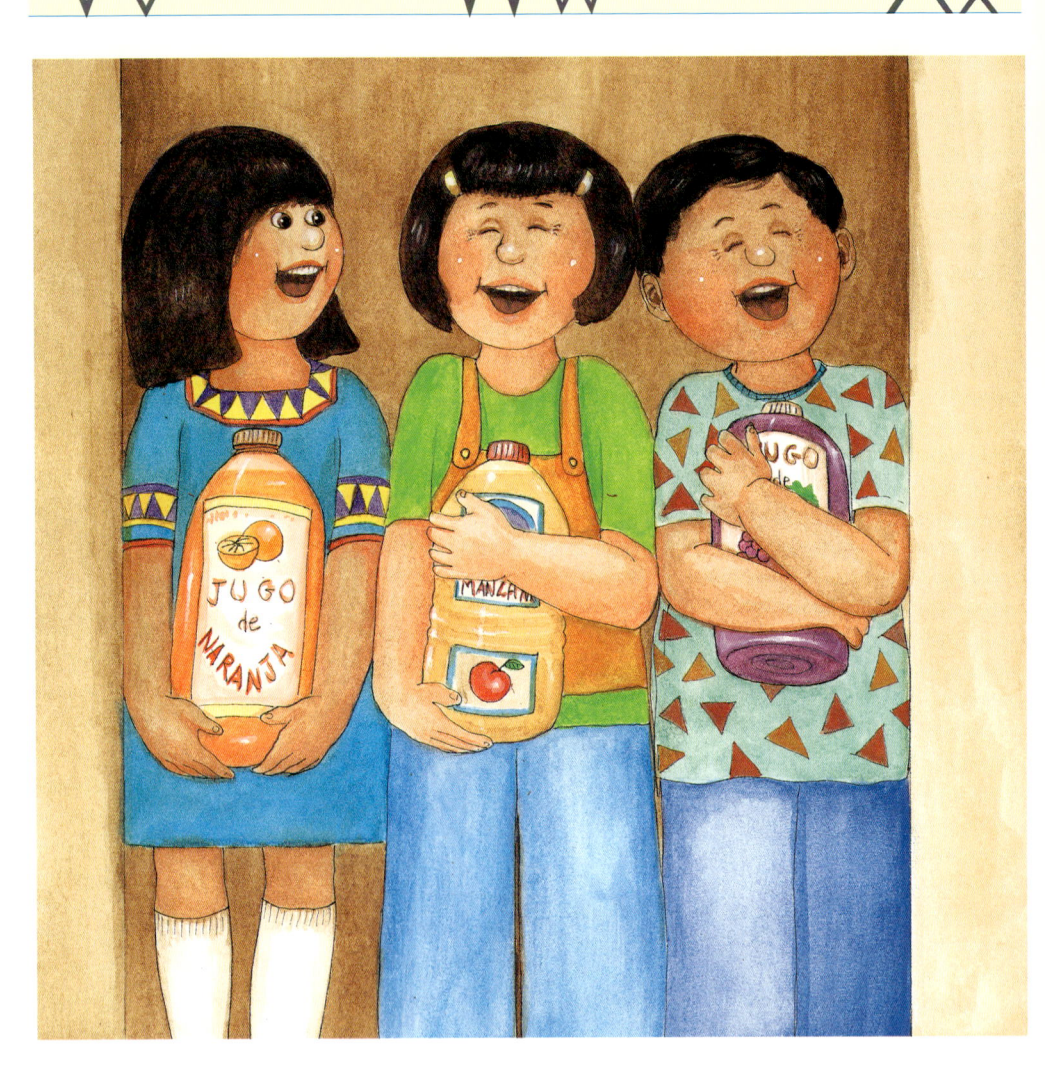

Viviana, Wanda y Xavier trajeron algo de beber.

Yy   Zz

Yolanda y Zoila
trajeron las cebollas.

¿Y qué trajo Carlos?
Vamos a ver...
¡una boca GRANDE para comer!

Guacamole

Ingredientes para 6 porciones:

2 aguacates maduros

3 tomates medianos

1 cebolla

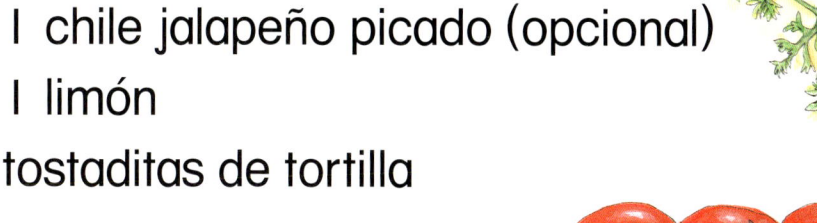

varias ramitas de cilantro

sal al gusto

1 chile jalapeño picado (opcional)

1 limón

tostaditas de tortilla

Preparación:

1. Pide a un adulto que corte los tomates en cuadritos.

2. Pide a un adulto que corte la cebolla finita.

3. Pide a un adulto que corte el cilantro finito.

4. Pide a un adulto que corte los aguacates. Pela los aguacates. Haz un aguacate puré con un tenedor. El otro aguacate pícalo en cuadritos.

5. Mezcla todos los ingredientes en un plato, junto con la sal y el jugo de un limón.

6. Sirve el guacamole con tostaditas de tortilla. ¡Qué rico!